_____ 님께

행복한 인생 만들기

초판 1쇄 발행 2022년 10월 31일

지은이 이서진
펴낸이 장길수
펴낸곳 지식과감성#
출판등록 제2012-000081호

교정 서은영
디자인 윤혜성
편집 윤혜성
검수 이예지, 윤혜성
마케팅 고은빛, 정연우
프로필 사진 작가 이시윤, 김현락

주소 서울시 금천구 벚꽃로298 대륭포스트타워6차 1212호
전화 070-4651-3730~4
팩스 070-4325-7006
이메일 ksbookup@naver.com
홈페이지 www.knsbookup.com

ISBN 979-11-392-0708-8(03190)
값 14,000원

- 이 책의 판권은 지은이에게 있습니다
- 이 책 내용의 전부 또는 일부를 재사용하려면 반드시 지은이의 서면 동의를 받아야 합니다.
- 잘못된 책은 구입하신 곳에서 바꾸어 드립니다.

지식과감성#
홈페이지 바로가기

지은이
이서진 박사

email successfulhabits@naver.com
강연 및 협업 문의 010-9715-4795

행동촉진형 작가.

연세대학교 생화학과에서 28세에 생화학 분야의 박사학위를 취득하고, 29세에 미국으로 건너가 National Institutes of Health/National Cancer Institute에서 박사 후연구원으로 근무하면서 항암 치료 연구를 진행하였다. 32세에는 신경대학교 생명공학과 교수로 부임하여 39세에 부총장, 41세에는 총장직무대행을 맡았다. 생명공학과 교수로 일하면서 학생들과 꾸준한 상담을 통해 학생들의 진로나 인간관계 등 다양한 고민을 함께 해결해 준 따뜻한 멘토로 알려져 있다. 학생들을 데리고 씨젠(seegene), 삼진제약 등 유수의 기업들을 견학하면서 학생들에게 생명공학 분야에 대한 강한 동기 부여를 심어 줬다. 그 결과 많은 학생이 원하는 대학원(서울대, 이화여대 등)에 진학할 수 있었고, 대학원을 졸업한 학생들이 파스퇴르 연구소, 국립암연구소 등 생명공학 분야의 우수한 연구소 및 회사에 취업까지 이어질 수 있도록 학생 교육과 지도에 헌신적인 노력을 했다.

2017년부터 3년 동안 신경대학교 총장직무대행으로 일하면서, '학생을 위한 대학'이라는 슬로건을 내세우며 학생들이 진정 원하는 꿈을 찾고 꿈을 실현할 수 있는 필요 역량을 키우는 데 중점을 두었다. 학생들이 학과 지도교수, 전문 직업 상담가 및 심리 상담가와 언제든지 상담할 수 있도록 시스템을 구축하여 진로 및 생활의 애로 사항을 해결할 수 있도록 하였다. 또, 미래 직업에 대한 동기부여 및 진로 탐색을 위해 전공 분야별 전문가 세미나 및 산업체 탐방을 진행하였다. 특히, 학과 교과 과정을 혁신하여 전공 진로 분야별 필요 역량을 설정하였고, 그 필요 역량을 강화하기 위해 교육 과정(전공, 교양, 비교과)을 설계하여 학생들이 바라는 진로 분야를 선택하고 필요 역량에 대한 교과 과정을 이수함으로써 전공 지식과 실무를 겸비할 수 있도록 하였다.

오랫동안 학생들을 교육하고 조직을 이끌어 온 경험을 통하여 **"삶에 대한 좋은 태도는 행복한 삶을 만든다"**라는 깨달음을 얻게 된다. 이를 전파하기 위해 2018년 〈행복한 삶을 위한 마음 연습〉, 2019년 〈행복한 삶을 위한 좋은 태도〉의 주제로 특강을 진행하였고, 또 많은 학생을 대상으로 〈행복 콘서트〉를 개최하였다. 2019년에는 많은 이들이 '좋은 생각'을 하며 살아가기 위한 《행복한 삶》을 위한 12가지 좋은 습관》 캘린더 북(calendar book)을, 2020년에는 '좋은 생각'을 '좋은 행동'으로 촉진하기 위한 《성공적인 삶을 위한 좋은 습관》 다이어리 북(diary book)을 출판하여 사람들이 삶에 대한 자신의 태도 변화로 스스로 행복한 삶을 만들어 갈 수 있도록 돕고 있다. 2022년에는 세 번째 작품 《행복한 인생 만들기》는 책과 함께 '드림 북(dream book)'을 제작하여 사람들이 불필요한 것은 버리고 진정 바라는 꿈을 이뤄 가며 행복한 인생을 만들 수 있도록 하였다. 이서진 저자는 출판한 책들과 함께 사람들이 좋은 생각과 좋은 행동을 실천하며 좋은 태도를 만들 수 있는 제품들의 내용을 직접 디자인하였다. 그 제품들에서는 저자의 소신 있는 교육 철학이 투영된 세심하고 창의적인 감각을 엿볼 수 있다.

좋아하는 것을 마음의 중심에 두라

행복한 인생 만들기

이서진 지음

COME TRUE

여러분은 자신이 바라는 대로 살아가고 있는가?

'자유로운 의지'에 따라 삶의 불필요한 것을 버리고, 자신의 '소망'에 집중하면서 행복한 인생을 위한 좋은 태도를 키워 가 보자!

지식과감정

여러분은 자신이 바라는 대로 살아가고 있는가?

우리는 진정 원하는 게 무엇인지도 모른 채 숨 가쁘게 살아간다. 주위에서 바라는 불필요한 것들을 해내느라 바쁘다. 사회적으로 능력을 인정받고, 좋은 사람이라 인정받고 싶은 심리에서 말이다. 그래서 자신이 진정 좋아하는 것을 생각할 겨를이 없다. 많은 이들이 바라는 것을 잘 볼 수 없는 희뿌연 안개로 둘러싸인 인생길을 걷고 있는 것처럼 보인다.

나는 인생의 꽤 오랜 시간 동안 잘못된 신념이 삶이 진리인 줄 알고 잘 실천해 왔다. 그 신념은, '원치 않더라도 많은 사람을 만나 많은 일을 하고, 많은 희생과 고통을 감수해야만 성공적인 삶을 살아갈 수 있다. 또 자신의 맘에 들지 않더라도 불쾌하고 불편한 것들을 잘 참아 내면 결국 안정된 삶이 보장된다'와 같은 것이다. 다른 이들에게 그런지는 모르겠는데 이런 삶을 오래 살아 보니 이제 영혼은 자신의 목소리를 내는 것을 포기하고, 마음에 불평, 불만, 분노 등의 독을 뿜어내어 삶을 괴롭게 만들었다.

이제 나는 잘못된 신념에서 벗어나 새로운 신념을 바탕으로 인생길을 걸어가기 시작했다.

그 새로운 변화는 "불필요한 것은 버리고, 진정 좋아하는 일에 집중하며, 바라는 소망을 이루기 위한 행동을 하며 살아가는 것"이다.

이 책을 쓰는 것도 그 소망을 이루기 위한 하나의 행동이다. 나의 소망은 많은 사람이 인생에서 불필요한 것은 버리고 자신이 진정으로 좋아하는 것을 찾고 바라는 꿈을 이루면서 행복한 인생을 만들어 가도록 돕는 것이다. 나아가 이 과정을 통해 삶에서 찾아오는 크고 작은 고통이 좀 더 가볍게 느껴지도록 하는 것이다. 이를 위해서 단순한 몇 가지 도구들(휴지통, 소망 상자함)이 필요하다. 부디 이를 가볍게 여기지 말고 도구들을 잘 활용하길 바란다. 그리고 이와 함께 더욱 중요한 것은 스스로의 생각과 행동 변화로 '행복한 인생'을 만들겠다는 여러분의 '강한 의지'이다.

이 책은 먼저 여러분이 그동안 무심코 지녀 온 불필요한 쓰레기를 버리도록 도와줄 것이다. 그리고 좋아하는 것에 집중하고, 진정 바라는 소망을 위해 끊임없이 작은 행동을 하게 할 것이다. 지금까지의 삶을 스스로 돌이켜 보고, 내면과의 깊은 대화를 통해 '버릴 것'과 '좋아하는 것'뿐만 아니라 '소망하는 것'을 선택해 보자. '내 삶을 어디 한번 정리해 보자'라는 가벼운 마음으로 한 걸음씩 천천히 나아가길 바란다. 하지만 한 가지 원칙이 있는데 주위의 도움 없이 스스로 모든 과정의 주인이 되어 해 나가는 것이다.

'자유로운 의지'에 따라 삶의 불필요한 것을 버리고, 자신의 '소망'에 집중하면서 행복한 인생을 위한 좋은 태도를 키워 가면 '행복한 인생'을 만들 수 있다.

이서진

차례

프롤로그 • 7

좋아하는 것을 마음의 중심에 두라 • 13
밍키의 마법봉, '선택' • 16

 ## 1강 버려 가기

불필요한 관계 • 20
불필요한 말 • 23
불필요한 것 • 26
고통스러운 마음 • 29
부정적인 감정 • 33
잘못된 신념 • 37
기대하는 마음 • 41

# 키워 가기

소망	• 46
좋아하는 일	• 49
자신감	• 52
스스로 통제할 수 있는 일	• 55
좋은 마음	• 58
좋은 관계	• 61
혼자만의 시간	• 64
여유로운 마음	• 67
문제해결 능력	• 71
에필로그	• 75

좋아하는 것을 마음의 중심에 두라

제주도에는 제주의 삼다(돌, 바람, 여자)를 테마로 하여 만든 유명한 미로 공원이 있다. 그런데 여행을 가서 난이도 높은 '돌미로'에 들어갔는데 미로 길을 가다 막히면 되돌아가 길을 찾아도 또다시 막혀 있는 상황을 여러 번 경험한 적이 있다. 이럴 때는 깨지 않는 악몽을 꾸는 것처럼 갑자기 머리가 하얘지고 식은땀이 났다. 그러나 최종 출구를 찾을 수 있을지 무서운 기분에 필사적으로 길을 찾다 보면 결국 출구를 찾게 되었다. 지금까지의 삶은 마치 그러한 '미로'를 걷는 것과 같은 기분이었다. 힘들지만 미로만 잘 통과하면 최종 출구에는 '사회적 성공'이 기다리고 있다고 믿었다. 그래서 인생 미로에 펼쳐져 있는 사회적으로 의미 있는 일, 어렵지만 책임감과 의무감으로 해야만 하는 일, 다른 사람들이 기대하는 일을 마음의 중심에 두고 살아왔다.

그런데 어느 날 갑자기 마음이 파업을 선언했다. 마음은 내게 이제는 그 일을 못 하겠다고 했다. 어쩔 수 없이 오랫

동안 해 오던 일을 내려놓았다. 그때 영혼은 화가 나서 나를 쳐다보지도 않고 마음에게 온갖 짜증과 분노만 뿜어 대고 있었다. 내 영혼이 마음에게 파업을 지시한 것이다. 꽤 오랜 시간 동안 영혼과 깊은 대화를 나눴다. 나는 영혼에게 "무엇이 그렇게 화가 나게 했는지, 무엇이 그렇게 힘들게 했는지, 또 어떻게 하면 다시 좋은 관계로 돌아갈 수 있는지"를 물었다. 한 달이 지났을 무렵, 영혼은 그제야 화를 풀고 그 이유를 내게 알려 주었다. "너는 지금까지 내가 원치 않는 일을 하면서 고통스러운 마음만 내게 주었어. 이제는 내가 진정으로 좋아하고 즐거운 일들로 마음을 가득 채워 줬으면 좋겠어. 너는 그동안 대단하고 멋진 일이라며 나를 속이고 내키지 않는 많은 일을 하면서 고통스럽고 부정적인 감정들을 내게 주었어. 네 주변에 작은 휴지통을 두고, 불필요한 것들은 종이에 적어 모두 버려 줘. 그리고 네가 진정으로 바라는 소망을 적어서 소망 상자함에 넣어 줘. 그러면 내가 그 소망을 이룰 수 있도록 도와줄게. 다시 한번 말하지만, 제발 불필요한 것들로 인생에 희뿌연 안개를 만들지 말아 줘."

나는 영혼의 가르침에 따라, 바로 가서 조그마한 휴지통과 소망 상자함을 샀다. 종이에 불필요한 것, 불필요한 관계,

부정적인 생각, 고통스러운 마음을 적고 휴지통에 버렸다. 그리고 종이에 하트 모양의 그림을 그렸다. 그 안에는 좋아하는 것, 즐거운 일, 스스로 통제할 수 있는 일을 모두 적었다. 마지막으로 종이에 진정으로 바라는 소망을 모두 적었다. 인생에서 꼭 이루고 싶은 그런 소중한 꿈으로 말이다. 그리고 그 종이는 소망 상자함에 곱게 담아 두었다. 이제 여러분에게 '좋아하는 것'에 초점을 맞춰 살아가는 방법을 소개하고자 한다. 단순히 마음의 재배열 즉, 자신의 의식 변화만으로 삶이 달라지는 기적을 함께 경험해 가고자 한다. 어떤 이유로 고통을 주는 일들이 거짓말처럼 당장 사라진다는 이야기가 아니다. 단지 그것들을 '마음의 중심'에서 '마음 주변의 휴지통'으로 보내 버리자는 것이다. 마음의 중심에는 예쁜 하트를 크게 그리자. 그 안에는 좋아하고 소망을 위한 일을 담는 것이다. 의식적으로 좋아하고 즐거운 일에 초점을 맞춰 자신의 기분을 좋게 하는 것이다. 그리고 자신의 바라는 소망을 위해 계속 행동해 가는 것이다.

앞이 보이지 않는 미로를 걷는 삶이 아닌, 좋아하는 꽃들이 만발한 인생 정원에서 언제나 즐거운 기분으로 살아가자.

밍키의 마법봉, '선택'

법륜 스님이 강연에서 한 말씀이 떠오른다. "마음이 괴롭지 않으면 행복한 것이다." 그렇다면 마음의 괴로움 즉 삶의 고통은 어디에서 오는가? 예기치 못한 상황이 닥쳤을 때, 원치 않는 일을 해야 할 때, 기대만큼 원하는 결과가 나오지 않을 때, 남에게 인정을 받지 못할 때, 다른 사람이 나를 괴롭힐 때, 경제적으로 곤경에 처할 때 등 수많은 이유에서 고통은 찾아온다.

즉, 내면의 기대나 생각과 외부세계의 불일치가 마음의 괴로움을 가져온다. 그렇다면 반대로 내면의 기대와 외부세계의 모습이 조화를 이룰 수 있다면 괴로움은 줄어들 것이다. 법륜 스님 말씀대로라면 우리는 그때 더욱 행복해질 수 있을 것이다.

어릴 적에 인기 만화 〈요술공주 밍키〉를 즐겨 봤다. '너와 나의 밍키 밍키 밍키~/요술 공주 밍키 밍키 밍키~' 밍키 주제곡은 아직도 머릿속에 맴돈다. 밍키는 꿈의 나라의 공주님이다. 지구에서는 사람들이 꿈꾸는 것을 잊어 가고 있어 꿈과 마법의 나라가 소멸의 위기가 찾아왔다. 밍키는 사람들에게 꿈과 희망을 주기 위해 지구로 보내졌다. 밍키가 사람들을 위해 휘두르는 마법봉은 순식간에 마법같이 그들의 꿈을 이루어 주었다. 그런데 우리가 모두 밍키의 마법봉을 갖고 있다는 것을 아는가? 다만, 밍키의 마법봉과 그 기능은 같지만 투명한 것이다. 그것은 바로 어떤 상황에서도 휘두를 수 있는 '선택'이라는 마법봉이다.

  행복한 삶을 위해 '자신감'과 '용기'를 갖고 상황에 따라 마법봉을 잘 사용하면 된다. 원치 않는 일은 버리고 진정 좋아하는 일을 선택하며, 어떤 일에 대해 큰 기대를 버리고 있는 그대로를 받아들이겠다고 선택하며, 인정받고자 하는 욕구를 버리고 최선을 다하는 것에 만족하겠다고 선택하며, 괴롭히는 사람과의 관계를 버리고 그로 인한 어려움은 감수하겠다는 용기를 선택하며, 경제적으로 어렵다면 이를 극복하기 위해 돈을 벌기 위한 행동을 선택하는 것이다.

  삶에서 고통이 찾아올 때, 그 고통을 한 차원 높은 새로운 나로 변화시키기 위해 우주가 보낸 선물이라고 생각해 보자. 이때가 바로 마법봉을 휘두를 때이다. '선택'의 마법봉을 휘두르고, 스스로가 '변화'에 대한 용기를 갖고 행동을 해 간다면 그 고통의 무게는 점점 가벼워질 것이다. 내적으로 전혀 기대하지 않았던 일이 일어나더라도 일단 그 상황을 있는 그대로 기꺼이 받아들여 보자. 그 상황에서 스스로 통제할 수 있는 부분이 무엇인지 깨닫고 그 일에 집중하는 것이다.

무엇을 선택하여 버리고, 무엇을 선택하여 자양분을 주며 키워 갈 것인지는 내면의 마법봉인 '선택'에 달려 있다. 자신이 원치 않는 것은 버리고, 진정으로 좋아하고 바라는 소망을 위한 일에 집중하여 지속적으로 행동해 가면 된다.

각자의 '자유로운 선택'과 '용기 있는 행동'은 자신이 바라는 삶을 창조할 것이다.

이제 마법봉을 휘두를 준비가 되었는가?

1강

버려가기

불필요한 관계

  살아가면서 많은 관계를 맺는다. 막연한 기대를 하며 불필요한 관계도 맺는다. 언젠가 도움을 받을 수 있을지도 모른다는 기대심리에서 말이다. 심지어는 그 관계로 인해 불쾌한 경험을 하고도 원치 않는 관계를 유지하기도 한다. 누군가가 이유 없이 피해를 준다든지, 상대의 가치관을 존중하지 않고 자신만 옳다며 주장한다든지, 원치도 않은 선의를 베풀면서 고마움도 모른다고 서운해 한다든지, 자신의 부유함을 끊임없이 자랑한다든지 살면서 별로 유쾌하지 않은 경험을 할 때가 있다.

  지금까지 삶을 돌이켜 보면 좋은 일들은 좋은 생각을 하는 사람과 함께했을 때, 이와 반대로 나쁜 일들은 나쁜 생각을 하는 사람과 함께했을 때 일어났다. 내 경험에 따르면, 좋은 생각을 하는 사람은 어떤 상황에서도 긍정적이며 좋은 일을 하려고 노력한다. 긍정적인 생각과 말을 하며, 협조적이며 남을 배려한다. 무엇보다 사람에 대해 부정적인 생각을 하지 않는다. 반면 나쁜 생각을 하는 사람은 어떤 일에든 부정적이며 나쁜 일을 꾸민다. 부정적인 생각과 말을 많이 하고, 매사에 감사함보다는 불평과 불만이 많고, 이기적이다. 특히, 다른 사람들에 대해 부정적인 행동을 한다. 예를 들어, 남을 시기, 질투하고, 남을 깎아내리는 일에 열중하며, 남의 흠이나 아픔을 이야기하며 즐거워한다.

  직장에 다니는 친한 친구가 오랜만에 안부 전화를 했다. 그녀는 누가 봐도 친절하고 책임감 있는 괜찮은 사람이다. 그녀는 얼마 전 부서를 이동했는데, 매너 좋은 사람답게 전 부서 후임자에게 일하다 어려운 일이 생기면 언제든지 연락하라고 했단다. 그런데 친구가 이동한 직후에 그 부서에서는 새로 부임한 사람이 처리하기 힘든 일이 발생했다. 이제는 그 일이 내 친구와는 무관한 일임에도 불구하고, 후임자가 처리하기 어려운 일이라 선의로 그 일을 처리하는 데 적극 도와주었다고 한다. 그런데 그 일이 모두 해결된 이후 어느 날 그 후임자는 내 친구에게 연락해 일을 엉망으로 해 놓고 가서 자신이 이렇게 고생을 했다면서 내 친구를 탓하며 온갖 원망을 퍼부어 댔다고 한다. 마음을 다해 호의적으로 도와줬던 일인데 고맙다는 말을 듣기는커녕 비난만 들은 친구는 그 충격에 불면증에 이석증까지 생겼다고 울먹이며 이야기했다. 결국 내 친구는 그 사람과 완전히 관계를 끊었고, 점점 마음도 안정이 되어 이제는 잠도 잘 수 있고 건강도 호전되고 있다고 했다.

내 친구처럼 우리는 살면서 가끔 그런 깜짝 놀랄 만한 사람을 만날 때가 있다. 벤자민 프랭클린의 명언처럼 '큰 호의를 배은망덕으로 갚는 사람들'이 있다. 이들은 상대의 진심 어린 호의에 감사함을 모르고 오히려 이를 악용한다. 오죽하면 법정 스님께서 '함부로 인연을 맺지 말라'고 하셨을까…. 이런 사람과는 반드시 거리를 두길 바란다. 상대를 적으로 만들라는 것이 아니라, 모든 관계를 억지로 좋은 관계로 만들 필요는 없다는 것이다. 자신을 정신적으로 괴롭히고 또 부정적으로 몰아가는 관계는 끊어 버리는 것이 가장 좋다. 이런 상황들을 다른 누군가가 개선해 주기를, 또 상대가 저절로 좋은 사람이 되기를 기대하지 않는 게 좋다. 스스로 적극적으로 행동하자.

스스로 불필요한 관계는 버리고, 자신의 삶을 긍정적으로 이끌어 줄 좋은 사람들과 관계를 맺길 바란다.

불필요한 말

대학원 다닐 무렵, 성당에서 신부님께서는 '말의 중요성'에 대한 주제로 강론을 하셨다. "여러분이 살아가면서 누군가에게 말하기 전에 다음의 세 가지만 생각하고 말하면 인간관계에 큰 문제가 없을 것입니다. 첫째, 필요한가? 둘째, 공손한가? 셋째, 진실한가? 입니다." 신부님의 소중한 말씀과 함께 나는 여기에 하나 더 추가하고 싶은 게 있다. 넷째, 상처 주지는 않는가? 진실하더라도 상대의 아픔을 건드리거나 상대에게 기분이 나쁜 이야기라면 하지 않는 게 좋다.

주름이 늘어 갈수록 불필요한 말을 통제한다는 것이 얼마나 어려운 일인지 새삼 깨닫게 된다. 사람들과 이야기할 때, 상대가 다른 인생 풍경을 지닌 사람이고, 또 현재의 상태를 충분히 알지 못하므로 상대에 대해 추측하지 말자고 다짐한 적이 있다. 그런데 누군가와 이야기하다 보면 내가 이런 다짐을 언제 했나 싶을 정도로, '나는 당신을 잘 알고 있어요~'라는 오만한 태도로 반응하고 있는 자신을 자주 발견하

곤 한다. 상대는 예민한 상황일수록 속내를 드러내지 않고 또 굳이 이야기할 필요도 없다. 우리는 상대가 처한 상황이나 기분을 조금이라도 알고 있을까. 그런데 우리는 마치 나와 비슷한 인생 풍경을 지닌 사람을 대하듯 남의 속도 모르는 말들을 하면서 상대의 기분을 곧잘 상하게 한다.

요즘은 인터넷에서 사람들이 연예인 등의 유명 인사들에 대한 허위 사실이나 민감한 개인사를 유포하여 유명 인사들이 명예훼손에 대한 법적 대응을 한다는 기사를 흔치 않게 접하게 된다. 나중에 그것이 허위사실이었음이 밝혀지더라도, 이미 대중들에게 심어진 부정적인 이미지는 쉽게 바뀌지 않는다. 또, 그들의 아픈 과거가 사람들에게 적나라하게 전해지는 때도 있다. 그게 진실이더라도 시간의 흐름과 함께 그들의 마음 깊은 곳에 잠재워 둔 아픔을 꺼내어 '댓글 송곳'으로 찔러 대야 할까?

사람들에게 말 잘하는 방법을 배우려고 애쓰기보다, 불필요한 말을 하지 않고 꼭 필요한 말만 하도록 노력해 보면 어떨까. 일단 불필요한 말을 하지 않으면 주변 사람들과의 불화가 줄어든다. 괜히 상대의 기분이나 상황을 잘 알지도 못

하면서 추측하며 넘겨짚고 말을 하게 되어 상대의 기분을 상하게 할 때가 더욱 많기 때문이다.

　말은 우리 마음의 목소리이다. 이왕이면 상대를 배려해서 아름답고 멋지고 좋은 점을 칭찬해 보자. 안 좋은 점을 개선하는 것을 도와주고 싶다면 상대가 깨달을 수 있도록 우회적으로 이야기해 보면 어떨까? 상대 기분이 상하지 않도록 말이다. 이제부터라도 말하기 전에 다음의 4가지를 생각하며 신중하게 말을 해 보자. 그러면 다른 사람의 정신적 고통을 줄여 줘 덕을 쌓을 수 있을 것이다.

　첫째, 필요한가, 둘째, 공손한가, 셋째, 진실한가, 넷째, 상처를 주지 않는가.

불필요한 것

어릴 적부터 불과 몇 년 전까지도 정리를 제대로 하며 살아 본 적이 없다. 어릴 적 언니 오빠와 놀고 있을 때 우리 집에 갑자기 친척이 들른다는 연락이 오면 그때는 어쩔 수 없이 청소해야 했다. 오빠가 큰 소리로 100까지 세면 언니, 오빠와 함께 후다닥 집 정리를 하는 것이다. 어릴 적부터 정리 습관이 그 정도밖에 훈련되지 않은 관계로 어른이 되어서도 정리하는 게 무척 서툴렀다. 몇 년 전까지만 해도 불필요한 것을 버리는 청소와 정리의 중요성을 깨닫지 못했기 때문이다.

대학에서 5년 전 부총장으로 일하던 중 총장직무대행으로 임명받게 되었다. 대학에서 학교장은 많은 부서의 업무들을 총괄적으로 관리하면서 개선 요청 및 방향을 제시해야 하는 자리이다. 정리의 중요성을 잘 몰랐던 상황에서 갑자기 그런 중책을 맡게 된 것이다. 직무를 시작했을 때 워낙 많은 업무를 파악하고 처리해야 하는 자리이다 보니 정리가 안 되면 도저히 일을 진행할 수가 없었다. 어떤 때는 주말에 나와 하루 종일 정리만 하다 퇴근하기도 했다. 그때 많은 시행착오를 겪으면서 큰 결단을 내렸다.

앞으로는 무슨 일이 있어도 주위 정리, 청소, 서류 및 업무 정리를 제대로 하며 살겠다고 말이다!

그래서 나는 이렇게 변했다. 전체 부서의 업무별 중요 사항은 A4 용지 1장의 총괄표를 이용하여 직접 정리하였다. 그리고 매주 월요일마다 업데이트하였다. 부서별로 다른 색깔의 파일 서류철을 이용하여 중요 업무 서류들을 정리해 두었다. 연중 반복되는 업무들은 표로 만들어 자리 앞에 붙여 두었다. 또 매달, 매주에 처리할 업무들을 중요 업무, 일반 업무로 분류하여 처리하였다. 매주 월요일에는 지난주의 부서별 중요 업무 처리 사항을 숙지하고 한 주를 계획하였다. 퇴근 30분 전에는 그날의 불필요한 서류를 버리는 작업을 하였다. 다음 날 쾌적한 업무환경을 위하여 책상은 비워 두었고, 사무실은 깨끗하게 정리 후 퇴근하였다.

불필요한 것을 버린 후, 자신이 해 온 일들을 다른 사람의 도움 없이 직접 정리하면 업무 효율을 높이고 향후 진행 방향까지 깨닫게 된다. 특히, 복잡한 업무를 처리한 후 전체적인 내용을 종합적으로 1장의 표로 요약정리 해 두면 관련 업무들을 처리해 갈 때 큰 도움이 된다. 물론 1장으로 요약하는 작업은 쉽지 않고 꽤 오랜 시간이 걸리기도 한다.

불필요한 것을 버리고, 정리한다는 것은 잠시 멈춰 서서 지나온 길을 다시 바라본다는 것이다. 이것은 앞만 보며 달리는 삶에 의식적으로 '여유로움'을 만드는 것이다.

불필요한 것을 버리면 꼭 필요한 것만 남게 된다. 정리하면 중요한 것이 무엇인지 알게 된다. 결국, 중요한 것에 집중하게 된다.

휴가 때 여행을 가서 호텔에 가게 되면 고급스러운 분위기에 매료가 되기도 하지만, 먼지 하나 없는 깨끗함에 힐링이 된다. 집이나 직장에서도 고급스러운 물건을 사다 놓지 않더라도 정리정돈을 하고 깨끗하게 물청소를 해 보자.

깨끗해지면 정신이 맑아진다. 정신이 맑아지면 기분이 좋아진다. 기분이 좋아지면 행복해진다.

고통스러운 마음

사람들은 겉으로 보기엔 별일이 없어 보인다. 하지만 속사정으로 들어가 보면 누구에게나 남에게 드러내기 어려운 아픔이 있다. 갑작스럽게 부모님이 큰 병을 얻게 되어 병간호하며 살아야 하는 경우, 부모님의 사업 실패로 가족들을 부양하게 된 경우, 부모님이나 배우자의 갑작스러운 사망으로 생계를 꾸려 나가야 하는 경우 등 예기치 못한 일로 삶에 크나큰 고통이 찾아온다. 특히, 자신이 원인을 제공한 것이 아님에도 가족 같은 가까운 주변의 사람에게 예기치 못한 상황이 발생함으로써 우리의 삶에 큰 영향을 준다.

나도 어릴 적 집안에 갑작스러운 어려움이 닥친 적이 있다. 평화로웠던 삶에 어둠이 찾아왔다. 어린 내가 해결할 수 없는 일이었다. 사랑하는 사람이 짊어져야 할 고통을 지켜볼 수밖에 없었다. 그 자체가 고통이었다. 사랑하는 누군가에게 아무런 힘이 될 수 없는 무력함과 무능함에 더욱 고통스러웠다. 그로 인해 '아무리 사랑하는 사람이라도 그 고통을 대신해 줄 수는 없다는 것', 즉 '자신의 인생은 스스로 책임지는 것'이라는 인생의 진리를 일찍부터 깨달을 수 있었다.

  삶에서 고통스러운 순간이 찾아오면 마음을 다스리기가 무척 어렵다. 스스로 통제할 수 없는 일임에도 불구하고, 그 일을 통제하려는 의지가 자꾸만 생겨 괴로워진다. 인생길에서는 자신이 해결할 수 없는 사고가 일어나기도 한다. 자신이 죄를 짓고 나쁜 행동을 한 결과가 아닌 전혀 예상치 못한 일들 말이다. 잠시 머물다 가는 것이 아닌 인생 끝날 때까지 짊어지고 갈 그런 고통도 때론 찾아온다. 그래도 정말 다행인 것은 주름이 늘어 갈수록 고통스러운 마음을 다룰 수 있는 지혜를 터득해 간다는 것이다. 자기 뜻대로 되지 않는 일들로부터 오는 고통스러운 마음을 마음의 중심에 두면 사는 게 괴롭다. 억울하고, 슬프고, 화나는 어두운 감정들이 자신의 삶을 지배하게 되기 때문이다. 그러한 마음들을 마음의 중심에서 주변으로 위치를 바꿔 보는 것이다. 당연히 처음엔 그 마음이 한 발짝도 움직이지 않고 마음의 중심에 떡하니 버티고 있을 것이다. 날마다 자신이 좋아하는 일, 즐거운 일, 스스로 통제할 수 있는 일에 집중하면서, 천천히 의식적으로 그 마음을 조금씩 떼어 내어 마음의 주변으로 보내 보

자. 시간의 신의 도움을 받아 지속적으로 노력해 보는 것이다. 결국, 그 고통은 마음 주변의 휴지통으로 완전히 보낼 수 있을 것이다. 서두르지 않고, 충분한 시간을 들여 그러한 고통을 마음의 중심에서 주변으로 보낼 수만 있더라도 마음의 짐이 훨씬 가벼워질 것이다.

예기치 못한 일로 인한 고통이 아닌, 일상적인 삶에서 오는 작은 고통은 스스로의 노력으로 줄여 갈 수 있다. 우선 자신에게 고통을 주는 원인을 파악해 본다. 다음으로 스스로 통제할 수 있는 부분과 그렇지 않은 부분을 나눠 본다. 스스로 통제할 수 있는 부분에서 최선의 노력을 해 보는 것이다. 자신이 통제할 수 없는 부분이라면 기꺼이 받아들여 보자. 또, 다른 사람의 잘못된 행동으로 인해 오는 고통은 명확한 사후 조치를 해 둬야 한다.

잘못된 행동을 하는 사람들은 잘못된 생각을 하는 경우가 많다. 따라서 단발적으로 끝나지 않고 잘못된 행동을 반복하기 때문이다. 다시 말해, 용기 있게 단호한 조치를 하지 않으면, 상대에게 또다시 자신을 괴롭힐 기회를 주는 것이다.

가능하다면, 인생길에서 좋은 생각을 가진 사람들과 함께 하길 바란다.

고통스러운 마음을 버리고, 삶을 즐겁고 좋아하는 일로 가득 채우길 바란다.

부정적인 감정

삶에서 일어나는 부정적인 감정을 잘 버릴 수만 있다면 '평온한 마음'으로 살아갈 수 있다. 나이가 들어감에 따라 남들과의 비교로부터 오는 '스트레스', 일이 잘 풀리지 않는 것에 대한 '불평'과 현재의 삶에 주어진 결과에 대한 '불만', 경쟁에서 살아남을지에 대한 '두려움'의 부정적인 감정들은 내 통제 안에 있다. 그런데 아직도 가장 통제하기 어려운 감정은 '화'이다. 특히, 진정으로 열심히 노력해 온 일이 다른 사람의 잘못된 의도로 방해받을 때 일어나는 '화'는 통제하기가 무척 어렵다.

박사학위를 취득한 후 미국 국립암연구소에서 박사후연구원으로 있을 때 일이다. 대부분의 박사후연구원들은 최선을 다해 열심히 연구한다. 박사후연구원 때 3년~5년 정도의 연구 실적으로 대학교수나 연구소 선임연구원 등의 평생직장이 결정되기 때문이다. 나 또한 성공해서 돌아오겠다는 비장한 각오로 박사후연구원으로 일하기 위해 혼자 미국으로 떠났다. 운이 좋게도 6개월 정도 되었을 때 재미있는 연구 결과가 나왔다. 나는 책임자에게 그 결과를 보고했다. 그런데 그 좋은 기분도 잠시, 얼마 지나지 않아 연구실의 다른 연구원이 내가 얻은 결과로 일을 하고 있는 것이다. 두 눈을 믿을 수 없었다. 바로 책임자에게 달려가 자초지종을 물었다. 그는 흥분된 나와는 달리 태연한 목소리로 "이 연구 프로젝트는 이제 다른 연구원이 하는 것이 좋을 것 같다."라고 하는 것이다. 우리 분야에서는 이런 경우 연구 결과를 얻어 낸 연구원의 동의하에 진행하는 것이 관례이다. 물론 책임자 입장에서는, 좋은 결과가 나왔으니 더 숙련된 연구원이 빨리 결과를 얻어 좋은 논문을 낼 수 있을 것이라는 판단으로 그렇게 했을 것이다. 그런데 어떻게 애써 노력해 좋은 결과를 낸 내게 말 한마디 없이 그럴 수 있겠는가. 어떻게 한국에서 온 이 박사의 자존심을 이렇게 무너뜨릴 수 있단 말인가. 도저히 그냥 묵과할 수 없었다. 그때는 미국에 간 지 6개월 정도밖에 되지 않아 영어도 서툴 때였지만, 책임자에게 나의 억울함과 요청 사항을 담은 장문의 편지를 써 보기로 했다. 서툰 영어 솜씨에도 불구하고 다행히 나의 억울함이 담긴 편지는 잘 써졌다. 그 연구 결과는 6개월 동안 나의 피나는 노력을 통해 얻은 결과이므로 내가 이 프로젝트를 계속 진행하고 싶다고 말이다. 다행히도 책임자는 나의 요청을 흔쾌히 받아들여 나는 그 일을 계속 진행할 수 있었다. 그렇게 그 사건은 잘 해결되었음에도, 언어가 잘 통하지 않았던 머나먼 미국에서 가족도 없이 홀로 겪은 서러움이 컸던지 꽤 오랫동안 괴로움 속에서 지냈던 기억이 있다.

사회에 나와 일하다 보면 오랜 정성을 기울여 노력한 일이 다른 이의 잘못된 의도로 방해받을 수 있다는 것을 미리 각오해 두는 편이 좋다. **특히, 사회에는 스스로 최선을 다하지 않고, 남이 애써 이뤄 놓은 것을 어떤 노력도 없이 그 성과를 빼앗아 가려는 사람들이 많다. 그래서 일이 잘될 때일수록 겸손한 태도를 유지하고 자신을 잘 방어하는 것이 매우 중요하다.** 그렇지만 일하면서 이런 불쾌한 일을 경험하게 되더라도 통제할 수 없는 화를 상대에게 있는 그대로 표출하는 것은 위험한 일이다. 물론 맘껏 화풀이하고 지금까지 일들을 모두 날려 버리고 상대를 다시 볼 일이 없다면 그렇게 해도 좋다. 하지만 자신이 기울인 노력에 대한 열매를 보기 위해서는 일단 솟구치는 화를 일단 잠재우는 것이 중요하다. 내가 책임자에게 장문의 편지를 써서 해결한 것처럼, 부당한 일을 겪었을 때 자신이 원하는 바를 서면으로 진지하게 작성하여 보내는 것도 좋은 방법이다.

잠재워 둔 '화'는 시간의 강물과 함께 천천히 흘려보내도록 하자.

잘못된 신념

 "원치 않더라도 많은 사람과 주어진 일들을 잘 해야 한다. 많은 희생과 고통을 감수해야만 성공적인 삶을 살아갈 수 있다. 원치 않은 일들도 즐거운 마음으로 열심히 해야 성공할 수 있다. 어떤 경우에도 포기하지 말아야 한다. 또 자신의 맘에 들지 않더라도 불편한 것들을 잘 참아 내면 결국 안정된 삶이 보장된다." 이러한 이야기들은 어려서부터 권위가 있는 부모님, 학교 선생님, 직장 상사로부터 곧잘 들어 왔다. 나 또한 성공적인 인생을 위해서 이러한 것이 삶의 진리임을 한 치의 의심도 없이 뇌리에 각인시키며 이를 잘 따르며 살아왔다.

 그런데 인생 학교에서는 지금까지 삶의 진리라고 굳게 믿어 온 신념들을 의심하게 만드는, 뭔가 들어맞지 않는 일들을 점점 경험하게 된다. 대학에서 교수는 학생들을 가르치고 연구를 한다. 그런데 총장직무대행으로 임명받아 일했던 당시 학교가 어려운 상황 속에 있어 막중한 책임감을 갖고 혼신의 힘을 다해 최선을 다했다. 그 자리에서는 사람들의 역량에 맞게 업무를 맡기고 많은 사람들과 원하는 결과를 도출해야 한다. 그런데 사람들은 가끔 어떤 상황에 대해 사실 있는 그대로 보는 것이 아니라, 다양한 인생 풍경에 따라 전혀 다른 해석을 하고 추측하며 오해하기도 했다. 또, 최선의 노력을 기울이더라도 주어진 내부 환경 및 사회적 여건에 따라 전혀 예측할 수 없는 결과를 얻기도 했다. 이처럼 스스로의 노력과 의지만으로 통제할 수 없는 일이 많아지다 보니 점점 내면의 안정을 찾기가 어려웠다. 그 자리에서 3년 정도 되었을 때 어느 순간 지쳐 있던 내 영혼은 이 일을 그만두라고 계속 소리쳤다. 그로 인해 결국 그 임무에서 벗어나 지금은 스스로 통제할 수 있는 일, 또 좋아하는 일을 하고 있다.

 이러한 좋은 경험을 한 이후 인생에서 직업 즉 '일'에 대해 많은 생각을 하게 되었다. 자신이 바라는 바를 이루기 위해 역량을 키우면서 오는 고통은 시간이 흐를수록 사라지고 결국 '성취'나 '성장'의 열매를 가져다주지만, 그 밖의 부분에서의 고통은 시간이 흐를수록 더욱 커지고 결국 건강까지 악화되는 등 삶에 부정적인 결과물을 가져다준다. 내면에서 감당하기 힘든 일을 하면서 고통스러운 마음으로 살아가는 것은 인생에 진정한 성공을 가져다줄 수 없다. 어떤 일이 외적으로 화려해 보이는 부나 명예를 가져다줄 수 있을지 모르지만, 그 일을 하면서 내적으로 불행해진다면 진정 풍요롭고 행복한 인생을 살아갈 수 없기 때문이다.

즉, 어떤 일(직업 또는 진로)를 결정할 때 자신에게 맞는지 그 판단이 어렵다면, 최소 2년 정도는 그 일을 해 보는 것도 좋다. 그 정도의 시간 동안 최선을 다했다면 그 일에 대한 판단 능력이 생길 것이다. 진정 그 일이 자신에게 맞는다면 하면 할수록 기분이 좋아지고 점차 즐거운 삶이 될 것이다. 하지만 그 일을 하면 할수록 어떤 이유로든 삶이 점점 괴로워진다면 그 일을 그만두는 것이 좋다. 내면의 직감을 믿고 결정하길 바란다. 아래의 인용문을 본다면 더욱 용기가 날 것이다.

"인생을 살면서 뭔가 정신적으로 육체적, 경제적으로 짐스럽게 느껴지는 일, 지나치게 애를 먹이는 문제가 있다면 그것을 놓아버려라. 그럼 당신의 삶을 짓누르던 것이 사라져 재복도 술술 들어오게 될 것이다."

- 요시카와 나미의
《부자가 되는 100가지 방법》중에서-

잘못된 신념을 버리면 삶의 기분 좋은 변화가 시작된다.

기대하는 마음

삶에서 어떤 사람이나 어떤 상황에 대한 기대를 많이 할수록 그 기대와 어긋난 일이 벌어졌을 때 실망감은 더욱 커진다. 특히 가까운 사람 관계에서는 서로에 대한 기대가 훨씬 크다. 이로 인해 자신의 기대와 달리 상대가 행동했을 때 그 배신감에 잠 못 이루는 날도 있다. 가까운 관계일수록 서로에게 쏟아부은 애정이 있기에 마음 한구석을 그 사람으로 채우고 있기 때문일 것이다. 그런데 사람 관계에서 큰 상처를 받지 않으려면, 각자가 서로에 대한 마음의 비중이 다르다는 것을 깨닫는 것이 중요하다. 가령, 내 마음속에 상대가 차지하는 비중이 50%라면, 상대의 마음속에 나의 비중은 20%일 수 있다는 것이다. 그런데 우리는 내가 50%를 차지한다면 상대도 50%는 될 것이라는 근거 없는 착각을 하면서 그게 사실이라고 믿기까지 한다. 이러한 착각의 세월을 보내다가 어느 날 현실적 사건을 통해 상대가 나와 같지 않았음을 알게 된다.

대학에서 동료들의 악의적인 행동으로 큰 피해를 받은 적이 있다. 이로 인해 불가피한 법적 조치까지 할 수밖에 없을 정도로 힘든 상황을 겪은 적이 있다. 평소에 스스로를 의지하며 꿋꿋하게 살아왔음에도 그 당시 너무도 억울한 사건을 겪게 되니 심적으로 무척 힘들어졌다. 당연히 내가 힘들어지니 가까운 사람들에게 의지하고픈 마음이 강해졌다. 그런데 충격적인 현실은 내가 어려운 상황에 부닥치니 가까웠던 사람들이 거리를 두는 게 아닌가? 나의 어려운 상황으로 그들에게 불똥이 튈지 몰라서인지, 내가 도움을 요청할까 봐 미리 방어막을 치는 것인지, 더 이상 내게 어떤 도움을 받기 어려울 것 같아서인지, 힘든 상황에서 내 기대가 평소보다 커져서인지 모르지만…. (사실은 그들만 안다) 어려운 상황에서 가까운 사람들에게 마저 마음을 의지하지 못하고 기대하는 마음을 접어야만 했던 상황이 나를 더욱 힘들게 했다. 이러한 쓰디쓴 경험을 통해 '사람에게 기대하는 마음이 오히려 우리를 더욱 힘들게 한다'는 진리를 깨닫게 되었다. 그 이후에는 사람들의 마음이 나와 같지 않음을 깨닫고, 사람들에 대한 큰 기대를 없애며, 어떤 상황에서도 스스로가 능력을 갖추고 꿋꿋하게 홀로 인생길을 걸어갈 수 있는 사람이 되어야겠다고 다짐했다. 또 가까운 관계의 사람들에 대해서도 마음을 비우고, 그들이 나의 기대를 충족해야만 한다는 잘못된 생각을 없애려고 노력했다.

사람 관계뿐만 아니라 어떤 상황이나 일적인 부분에서도 큰 기대를 하고 있던 일에 그 결과가 잘 나오지 않았을 때 그 실망감은 우리를 힘들게 한다. 어떤 일이나 상황에서 할 수 있는 최선의 노력을 다했더라도 실력이 못 미쳤거나 다른 요인들로 인해 기대만큼의 결과가 나오지 않는 경우도 많다. 어떤 일에 대해 막연한 기대를 하기보다 여러 객관적인 상황들을 고려한 '합리적인 기대'를 하며 살아가는 것은 어떨까…. 왜냐하면 기대만큼의 결과를 얻지 못했을 때도, 그 원인을 파악해서 합리적으로 개선해 가며 원하는 결과를 얻기 위해 노력할 수 있기 때문이다.

사람이든 일에서든 기대하는 마음을 버리고 있는 그대로를 받아들일 수 있는 용기가 필요하다.

용기를 내서 있는 사실을 직시하는 것이 때론 고통을 수반하지만, 이 과정만 잘 이겨 내면 오히려 마음이 편안해진다. 어떤 일이 원하는 대로 이루어지기를 바라며 기다리는

'기대'보다는, 앞으로 잘될 가능성을 믿는 '희망'을 갖고 최선의 노력을 다해 살아갈 때 더 행복한 삶을 만들 수 있을 것이다.

기대하는 마음을 내려놓으면 오히려 인생이 편해진다.

2강

키워 가기

소망

 삶을 살아가는 시기마다 소망이 다르다. 좋은 대학에 가기를, 좋은 직장에 들어가기를, 좋은 사람과 결혼하기를, 돈 많이 벌어 부자 되기를, 건강하게 오래 살기를 우리의 소망은 끝이 없다. 20~30대에 나는 소망을 적고 꼭 이루어지도록 간절히 기도를 많이 했다. 그 소망이 이루어지기를 조급한 마음으로 애타게 기다렸고, 원하는 때에 이루어지지 않으면 하늘을 원망하기도 했다. 그러다 마음을 다잡고 다시 하늘에게 그 소망만 이뤄 주시면 정말 착하게 살겠다고 다짐하기도 했다.

 한국에서 박사학위를 받고 미국으로 박사후연구원으로 나갈 때 일이다. 나는 오래전부터 박사 과정 동안 연구한 분야에서 세계적으로 유명한 연구실이 있는 미국 국립암연구소에서 일하기를 소망했다. 그래서 박사과정이 끝날 무렵 그곳에 박사후연구원으로 함께 일하고 싶다는 이메일을 보냈다. 곧바로 답이 왔는데 아쉽게도 현재는 그의 연구실에 자리가 없다는 것이었다. 다른 연구실에서 일하는 것은 생각조차 해 본 적이 없는 간절한 소망이었기에 상심이 컸다. 대학원 친한 후배 윤희가 뉴욕에서 대학원을 다니고 있었는데 이 소식을 들은 윤희가 나를 위로하며 뉴욕에 초대했다. 겸사겸사 머리도 식힐 겸 그곳에 2개월의 어학연수를 떠났다. 그런데 연수가 끝날 무렵 그토록 가고 싶어 했던 연구실에서 다시 이메일이 온 것이다. 3개월 후에 자리가 생기니, 아직도 생각이 있으면 박사후연구원으로 초대를 하겠다는 것이었다. 그곳에 가는 것을 포기하고 있던 나에게 꿈만 같았던 소망이 이루어진 순간으로 기억에 남아 있다.

그런데 점점 나이가 들면서 어떤 소망이 이루어질 때까지 최선의 노력을 하기보다, 주어진 현실에 순응하며 살아가려는 마음이 강해졌다. 이렇게 나이와 함께 열정이 식어 가고 있을 무렵 나에게 어느 날 갑자기 '소망의 신'께서 깜짝 선물을 주셨다. 감사하게도, 다시 20대의 순수한 열정으로 간절한 소망을 이루며 살아가고 싶다는 '생각과 의지'를 선물로 주신 것이다. 먼저 나는 자유의지대로 살기 시작한 19세부터 지금까지 약 26년 동안에 '이루어진 소망'을 시기별로 정리해 봤다. 그런데 이러한 작업을 통해 무척 놀랐던 사실은 '간절히 원했던 소망들이 모두는 아니었지만 대부분 이루어졌다'는 것이다. 다만, 내가 원하던 시기에 소망이 이루어지지는 않았다. 그래서 그 소망이 이루어진 것조차 깨닫지 못했다. 과학자의 예리한 안목으로 26년 동안 소망이 이루어진 과정을 분석해 보니 몇 가지 중요한 특징이 있었다. 첫째, 그 소망들은 내가 바라던 때가 아닌 '적당한 때'에 이루어진 점. 둘째, 특정 시기에 하나씩 이루어진 점. 셋째, 적어도 2~3년 정도의 인고의 시간 후에 이루어진 점. 마지막으로 나를 힘들게 하는 어떤 사건이 발생한 이후 이루어졌다는 것이다.

나의 경우, 소망은 2~3년의 인내를 갖고 끊임없이 노력하고, 소망의 신이 보낸 힘든 사건을 강한 정신력으로 잘 이겨내면, 적당한 시기에 이루어졌다.

이렇게 인생의 오랫동안 이루어진 소망을 정리한 이후 소망은 반드시 실현된다는 믿음을 갖게 되었다. 단지, 현재의 소망이 아직 이루어지지 않았을 뿐이다. 그 소망은 적당한 때에 이루어질 것이다.

우리는 소망이 이루어진다는 확실한 '믿음'을 갖고 계속 '행동'해 가면 된다.

좋아하는 일

가장 행복한 때는? 좋아하는 음식 먹을 때. 가장 불행한 때는? 배고플 때. 가장 좋아하는 음식은? 꽃게찜. 좋아하는 인형은? 잠만보 인형. 이것은 초등학교 5학년인 우리 아이의 취향이다. 대부분 아이들은 좋아하는 것을 명확히 안다. 아이들은 좋아하는 물건, 좋아하는 음식, 좋아하는 일, 좋아하는 사람을 물어보면 곧바로 답을 한다. 그런데 어른이 되어 누군가 좋아하는 것에 대해 물어보면 곧바로 답을 하기 어려워진다. 좋아하는 것이 없다기보다, 치열한 삶 속에서 이에 대해 여유롭게 생각해 볼 겨를이 없다.

연구자의 길을 걷기 위해서는 보통 대학원 석사 및 박사 과정에서 훈련을 받는다. 그때 연구자들은 연구실에서 하루 온종일 실험과 씨름한다. 드물게 실험 결과가 잘 나올 때도 있지만 몇 개월 동안 해 온 실험이 한순간에 날아가는 멘탈 붕괴 사건이 발생하기도 한다. 그럴 때는 몇 개월 동안 심혈을 기울여 투자한 사업이 날아간 듯 연구자들에게 허

탈감, 좌절감, 자괴감과 같은 정신적인 충격이 찾아온다. 더욱이 연구에 몰입하여 실험을 진행하다 보면 그 세계가 전부인 양 갇힌 사고를 하게 되므로 그러한 일들은 연구자들의 삶을 꽤 고통스럽게 만든다. 이러한 삶이 계속되고 있을 때, 어느 날 연구실의 친한 후배가 설레고 신선한 제안을 했다. "언니, 학교 앞에 재즈댄스를 배우는 곳이 생겼어요. 저녁 때 일주일에 1-2번 정도 가서 배워 볼래요?" 보통 아침부터 저녁 늦게까지 연구만 하고 살았기 때문에, 그런 여유를 갖는 것은 연구자로서 길을 포기하는 것만 같았다. 친한 후배는 이런 이유로 결정을 미루고 있던 나를 끈질기게 설득했다. 매일 가는 것도 아니고 1~2번 정도 가는 것이니 기분 전환 하러 가자는 것이다. 그녀의 애절한 설득에 못 이긴 척, 함께 재즈댄스를 등록했다. 무거운 마음으로 학교를 빠져나와 가벼운 마음으로 재즈댄스를 배웠다. 그러면 그날의 모든 스트레스가 땀과 함께 증발하였다. 기분이 정말 좋아졌다. 연구자의 길을 원해서 선택한 일이었지만 좁은 연구실에서 연구만 했던 내가 다른 비슷한 또래들처럼 센스 있고 멋지게 살아가는 것 같아 더욱 기분이 좋아졌다. 물론 실험을 하며 실패와 씨름하는 일상은 똑같았다. 그런데 재즈댄스를 배우면서 삶이 즐거워지니 실패로부터 오는 스트레스도 거뜬히 녹여 낼 수 있었다.

좋아하는 일을 하고, 좋아하는 음식을 먹고, 좋아하는 사람을 만나고, 좋아하는 물건을 가까이 두면 기분이 좋아진다. 하루하루 일어나는 일상 중에서 좋아하는 것을 마음의 중심에 두고 초점을 맞춰 보자.

하루를 시작하면서 아침마다 마음의 중심에 하트를 그려 보자. 하트 속에 좋아하는 일을 담는다. 좋아하는 일이란 소망을 위한 일, 즐거운 일, 스스로 통제할 수 있는 일, 좋아하는 사람들과 함께하는 일들이다. 그리고 그 일들을 잘 실천해 간다. 이런 작업을 매일 계속하다 보면 좋아하는 일들에 초점이 맞춰지고 기분이 좋아질 것이다. 우리는 살아갈 때 불쾌한 일, 고통스러운 마음, 싫어하는 것을 마음의 중심에 둘 때가 많다. 부정적인 생각이 계속 떠오르면, 작은 종이에 이를 적고 잘 구겨 휴지통에 던져 버리자.

기분이 좋으면 무슨 일이든 긍정적으로 생각하게 되므로 '즐거운 인생'이 된다.

자신감

　자신감의 사전적인 의미는 '스스로의 능력을 믿는 굳센 마음'이다. 이는 자신이 바라는 인생을 걸어가는 데 가장 중요한 내면의 강력한 힘이다. 어떤 일을 하기 전에 보이지 않는 내 능력을 스스로 먼저 믿어 주는 것이다. 그런데 우리의 자신감은 학교나 직장에서의 평가 또 사회가 만들어 놓은 틀에 의해 크게 영향을 받는다. 특히, 인생길에서 어려운 상황을 경험할 때마다 그 자신감은 쉽게 흔들리게 된다.

　대부분의 연구자는 연구한 결과가 연구 업적에 대한 가치를 객관적으로 인정받을 수 있는 수준 높은 학술지에 게재되기를 간절히 원한다. 나는 5년 정도의 오랜 시간 동안 연구해 오던 일이 꽤 좋은 결과들을 얻어 그 당시 세계 100위 안에 드는 국제 학술지에 투고할 수 있었다. 그런데 나의 논문을 심사한 편집장은 3개월 정도의 시간을 주며 많은 부분에 보완 실험을 요구하였다. 보완 실험 후 그 결과를 제출하면 재심사를 통해 결정된다. 주어진 시간 내에 보완 실험을 하기 위해 일부 실험 재료들이 급하게 필요했다. 그래서 주위의 친한 선배에게 도움을 요청하기 위해 찾아갔다. 그런데 그 선배는 느닷없이 "뭐 그렇게 좋은 논문을 내려고 하니? 여기서 포기하고 그냥 적당한 수준의 학술지에 제출하지 그래? 이렇게 보완해서 제출한다고 논문이 수락되는 것도 아닌데 말야. 이 정도의 실험을 하라는 것은 거의 실험을 다시 하라는 수준인데?"라고 하는 것이다. 사실 나도 '보완해서 제출한다고 받아 줄까'라는 의구심에 자신감이 무척 흔들리고 있었다. 그래서 친한 선배를 찾아갔을 때 내심 격려를 기대하고 있었다. 근데 웬 말폭탄인가? 나는 요동치고 있는 자신감을 단단히 붙잡으며 여유롭고 당차게 답했다. "최선을 다해 보고 안 되면 다음에 다른 학술지에 제출해 보려구요. 설령 잘 안 되더라도 보완 실험을 해 두면 다른 학술지에 내기도 쉽지 않겠어요?" 그 이후 3개월 동안 최선을 다한 후 제출했다. 기적적으로 편집장은 논문을 보낸 지 4시간도 안 돼서 "논문 수락" 결정을 내렸다. 일반적으로는 학술지에 수정된 논문을 보내면 처음 그 논문을 심사한 전문가들이 재심사한다. 그런데 수정 작업이 잘 된 논문의 경우 전문가 재심사 없이 편집장의 권한으로 그 논문 수락을 바로 결정할 수 있다. 이 사건은 나에게 스스로의 능력을 믿는 마음이 얼마나 중요한 것인지 진정 깨닫게 해 주었다. 선배의 부정적인 저주로 3개월 동안 나 자신을 의심하느라 맘고생이 무척 컸기 때문이다.

  인생길에서 많은 사건, 어떤 상황, 주위 사람들은 우리의 자신감을 요동치게 만든다. 무엇보다 우리의 내면에는 세상의 어떤 일들도 잘 해낼 수 있는 무한한 능력이 있다는 진리를 믿어 보자. 그 진리를 믿는 정도에 따라 자신감의 크기는 달라진다. 남들과 비교하지 않는 것, 주위에 내 능력을 깎아내리는 사람을 두지 않는 것, 스스로에 대해 절대 함부로 말하지 않는 것, 나만의 인생 속도대로 살아가겠다고 다짐하는 것, 어떤 상황에서도 자신의 능력을 의심하지 않는 생각들은 자신감을 지탱하게 만든다. 특히, 일이 잘 풀리지 않을 때 말을 조심하라. "나는 더 이상은 안 되나 봐. 더 이상은 불가능해" 같은 부정적인 말은 금물이다. "아직은 때가 오지 않았나 보다. 노력이 좀 더 필요하네." 긍정적인 말로 나를 응원하자. 내 선배의 부정적인 저주를 기억하라.

  자신의 무한한 능력을 믿으면, 자신이 바라는 일을 성취할 수 있다!

스스로 통제할 수 있는 일

'스스로 통제할 수 있는 일에 집중하자!' 요즘 들어 매일 아침 다이어리에 적는 나의 다짐이다. 사회에 나가기 전 학생 때까지만 하더라도, 삶에서 일어나는 일들이 큰 문제 없이 내 뜻대로 잘 흘러가리라 생각했었다. 그런데 사회에 나와 크고 작은 어려운 상황들을 경험해 볼수록 스스로 통제할 수 있는 부분이 상당히 제한되어 있다는 사실을 깨닫게 된다. 그럼에도 불구하고 자신 스스로가 통제할 수 있는 것에 집중해야 삶을 원하는 방향으로 이끌 수 있다는 진리도 배우게 된다.

미국 국립암연구소에서 일할 때 새롭고 흥미로운 연구 결과를 얻은 적이 있다. 연구책임자에게 보고했더니 그는 기뻐하며 3개월 후에 개최되는 학술대회에서 그 결과를 발표해 보자고 했다. 일반적으로 결과를 발표할 때 최소한 독립적으로 3번 이상은 수행하고, 한 번의 실험도 3번의 반복실험을 통해 얻은 평균과 표준편차를 결과에 반영한다. 그런데 두 번째 반복실험을 하는데 처음의 실험 결과가 재현이 안 되는 것이었다. 학회 발표 날짜는 점점 다가오고, 내 속은 점점 타들어 갔다. 아무리 조건을 바꿔도 처음의 결과를 얻을 수 없었다. 어쩔 수 없이 새로운 결과를 제외하고 다른 연구 결과들을 모아 포스터 발표를 하게 되었다. 그 이후 처음 결과에 대한 실험 진행 여부를 결정해야 했다. 발표 부담도 없어졌으니 그래도 마지막으로 스스로 할 수 있는 최선을 다해 보고 싶었다. 논문 검색을 통해 세계에서 나와 비슷한 실험을 해 본 연구자들 10명을 찾았다. 용기를 내어, 일면식도 없는 그들에게 실험 해결 방법을 찾을 수 있도록 도와달라고 간절하게 요청하는 편지를 썼다. 운이 좋게도 그들 중 3명에게 답이 왔다. 그중 1명의 연구자는 실험 조건에 문제가 있는 것이 아니라 사용한 실험 물품이 이상할 수 있으므로 타사 제품으로 바꿔 시도해 보라는 것이었다. 그의 조언대로 실험했는데 처음 결과가 드디어 재현되었다. 3개월 동안 매달리던 일은 극적으로 해결되었다.

사회에 나와 처음으로 어려운 역경에 처했을 때 심적으로 무척 움츠러들었다. 또, 가만히 있어도 시간이 흐르면 나를 불쌍히 여기는 누군가가 나타나서 도와줄 것이고, 우주의 전지전능한 힘이 도와줄 것이고, 어떻게든 잘될 것이라는 막연하고 비현실적이고 의존적인 기대감을 버리지 못했다. 당연히 이런 생각으로 난관은 전혀 개선되지 않았다. 어려운 상황의 역전은 단 한 번의 노력으로 찾아오지 않는다. 곤경에 처했을 때는 무엇보다 두렵고, 조급하고 불안한 부정적인 생각들이 마음에 가득 차게 된다. 그래서 이 상황을 이겨 낼 수 없을 것 같다는 나약한 생각이 강해지는데 이때 이러한 마음을 떨쳐 버리는 것이 가장 중요하다. 그래서 나는 의식적으로 '내 인생 끝날 때까지 이 일들을 해결할 시간이 충분하다'는 생각으로 여유롭고 긍정적인 마음을 갖기 위해 노력했다. 그리고 현재 상황에서 스스로 할 수 있는 부분을 찾고 하나씩 꾸준히 행동해 갔다. 단, 그때 취하는 행동들은 누가 봐도 올바른 것이어야 한다. 이렇게 스스로 할 수 있는 갖은 노력을 하다 보면 누군가가 도움을 주기 위해 나타났고, 우주의 전지전능한 힘도 나를 응원하며 어려운 일은 내가 바라는 대로 잘 풀려 갔다.

언제나 스스로 통제할 수 있는 것에 집중해서 노력해 보자. 이는 자신이 바라는 삶을 창조할 것이다.

좋은 마음

 '살면서 좋은 마음을 갖고 착하게 살아야 한다'는 '진리'는 어려서부터 귀가 닳도록 듣고 자라왔다. 내가 생각할 수 있는 '좋은 마음'이란 감사하는 마음, 평온한 마음, 온화한 마음, 여유 있는 마음, 사랑하는 마음, 용서하는 마음, 배려하는 마음, 순수한 마음, 침착한 마음, 진실한 마음, 착한 마음, 자신을 믿는 마음, 성실한 마음'이 있다. 그런데 사회생활을 하다 보면 좋은 마음을 갖고 살았는데도 진심으로 믿었던 사람이 배신을 하거나, 누군가 자신이 성실하게 이뤄 놓은 것을 정당한 노력 없이 뺏으려고 하거나, 부정적인 선입관으로 정당한 결과를 인정하지 않거나, 직장에서 이유 없이 괴롭힌다거나, 불쾌한 경험을 할 때가 있다.

 좋은 마음으로 착하게 살면 인생에는 아무런 문제가 없을 것이라는 신념을 의심하게 만드는 일들을 경험하게 된다. 살면서 왜 이러한 불쾌한 경험을 하게 되는 것일까? 내 경험에 의하면 그 시작은 상대방의 나쁜 마음에서 비롯된 것이었다. 즉, 나쁜 마음이란 이기적인 욕심, 정당한 노력 없이 남의 것을 뺏으려는 마음, 시기와 질투, 피해의식 등과 같은 것이다. 이런 것들은 다른 사람을 배려하지 않고 자신만을 위한 '이기적인 생각'으로부터 만들어진다. 다시 말해, 자신이 좋은 마음으로 착하게 살았더라도 누군가 잘못된 생각과 의도를 갖고 나쁜 행동을 하게 되면 그 피해는 착한 사람에게도 온다는 것이다. 따라서 그런 상황을 용기 있게 잘 대처하지 못하면 나쁜 마음을 가진 자의 승리로 우리는 인생에서 불쾌한 경험을 계속 하게 된다.

  그렇다면 타인의 잘못된 생각으로 피해를 받았을 때 어떻게 행동하는 것이 좋을까? 예를 들어, 직장에서 상사가 이유 없이 말과 행동으로 지속해서 정신적으로 괴롭혀 왔다고 해 보자. 그 결과 자신이 그 정신적 스트레스가 커서 그냥 지나칠 수 없는 상황이라고 가정해 보자. 이때 우리가 할 수 있는 선택은 다음의 세 가지이다. 첫째, 상사의 잘못된 태도에 대해 중단을 요청하는 것. 둘째, 직장을 그만두는 것. 셋째, 마음을 꾹 누르고 괴로운 마음으로 버티는 것이다. 우선 이 중에서 자신이 바라는 것이 무엇인가? 만약 상사로부터 오는 스트레스를 제외하면 다니던 직장이 좋다면, 가장 먼저 할 수 있는 조치로 일단 상사에게 있는 그대로 사실을 알리는 것이 있다. 상사에게 편지를 정중하게 작성해 보내면서, 앞으로 이와 같은 일이 발생하지 않도록 요청해 보는 것이다. 그 이후 상사의 태도 변화를 기다려 본다. 그런데 이런 조치가 전혀 소용이 없다면, 직장에 이러한 괴롭힘에 대해 정식으로 신고한다. 회사에 적극적인 조치를 요청하는 것이다. 물론 이러한 조치를 위해서는 '용기 있는 마음'이 필요하다. 자신의 선택으로 인한 어떤 상황들도 용감하게 받아들이겠다는 '강한 마음'도 중요하다. 자신이 용기 있는 선택을 했을 때 여러 가지가 걸린다면 직장을 그만두거나 상사로부터 괴롭힘을 참는 선택지밖에 없다. 물론 더 좋은 직장으로 이직할 수 있는 여건이 된다면 매우 좋은 선택이 될 수도 있다. 하지만 새로운 직장에서도 그런 상사를 만나지 않으리라는 보장이 없다. 또, 상사의 괴롭힘을 참는 선택은 자신의 건강까지 악화시킬 수 있으므로 피했으면 한다. 결국 최종 선택은 자신의 몫이다.

'용기 있고 강한 마음과 같은 좋은 마음이 있으면 세상을 살아가면서 겪는 어려운 상황들을 스스로 적극적으로 해결해 갈 수 있다.

'좋은 마음'으로 살면 '행복한 인생'이 된다.

좋은 관계

좋은 인생은 좋은 관계에서 만들어진다. 우리는 세상 사람들과 관계를 맺는다. 가족들과 맺어지는 필연적인 관계뿐만 아니라 사회적으로 맺어지는 사람들과의 관계는 인생에 큰 영향을 미친다. 그들로 인해 웃고 울고, 즐겁고 슬프고, 기쁘고 화나는 일을 겪으면서 희노애락의 인생을 살아간다.

인생 학교의 경험을 하면 할수록 인간관계 중요성을 깊이 깨닫게 된다. 자신이 좋은 상황에 있을 때, 주위의 사람들은 너무도 좋은 사람들처럼 함께한다. 그런데 자신이 안 좋은 상황에 있을 때 인생 반전이 시작된다. 그동안 너무도 좋은 사람들이라고 믿어 왔던 그들은 더 이상 그런 사람들이 아니다. 인정하고 싶진 않지만, 그들이 마음속에 나와는 다른 생각을 품고 있었다는 것을 뒤늦게 알게 된다. 그렇다고 너무 비관할 필요는 없다. 늦었지만 정말 다행스러운 것은 이때가 좋은 관계를 맺을 만한 사람이 누구인지 정확히 가려낼 수 있는 절호의 기회가 된다는 것이다. 좋은 상황에서보다 어려운 상황일수록 사람들은 본색이 드러나기 때문이다. 나에게 삶의 파도가 밀려왔을 때 좋은 관계를 지속할 수 있었던 사람들은 자신이 할 수 있는 한 어떻게든 도움을 주려고 했다. 다시 말해 정신적으로나 물질적으로 그 도움의 크기와 관계없이 진심으로 위안을 주었다.

일적인 만남에서 누군가와 관계를 진심으로 맺는 사람은 매우 드물다. 사회적인 이해득실에 따라 그 관계는 언제든지 변할 수 있다는 것을 미리 각오해 두면 좋다. 그 사람들과의 관계는 3가지 형태로 나뉜다. 도움을 주는 관계, 피해를 주는 관계, 도움도 피해도 주지 않는 관계이다. 물론 언제나 도움을 주려는 협조적인 사람과는 좋은 관계를 유지해도 된다. 하지만 앞서 불필요한 관계에서 강조한 것처럼 피해를 주는 관계는 인연을 끊는 것이 가장 좋다. 많은 사람들이 인생길에서 많은 이들과 깊이 있는 좋은 관계를 맺으며 살아갈 수 있을 것이라는 환상을 갖고 있다. 하지만 그것은 불가능하다. 단 몇 명밖에 되지 않더라도 어떤 상황 속에서도 진실하게 함께해 주는 그런 사람이 있다면 그 인생길은 풍요롭다.

좋은 사람과 좋은 관계를 맺으면, 인생길의 저항을 줄이고 가뿐히 걸어갈 수 있다. 자신이 바라는 소망을 이루는 과정에서도 좋은 관계는 끊임없이 좋은 영향을 준다. 특별히 갖은 노력을 하지 않아도 그 사람과의 인연은 자연스럽게 지속된다. 내 인생길에서 좋은 관계를 맺어 온 사람들은 좋은 생각을 가진 사람, 올바른 사고를 가진 사람, 다른 사람에게 나쁜 생각을 품지 않는 사람, 이기적이지 않은 사람, 남을 배려하는 사람, 마음이 여유로운 사람, 다른 사람에 대해 시기나 질투를 하지 않는 사람, 사람에 대한 애정이 많은 사람, 자기 일에 최선을 다하는 사람이었다.

사람들과 좋은 관계를 바란다면 자신부터 상대에게 좋은 사람이 되어 보자. 자신이 먼저 상대에게 좋은 사람이 되어 진심으로 도움이 되고자 한다면 사람들과 좋은 관계로 풍요로운 인생을 살아갈 수 있을 것이다.

언제나 긍정적인 메시지로 격려해 주고, 끊임없이 성장할 수 있는 자극을 줄 수 있는 사람과 좋은 관계를 맺으면 인생길은 아름답게 펼쳐진다.

혼자만의 시간

　사람들과의 소통은 중요하다. 하지만 혼자만의 시간을 갖는 것은 더욱 중요하다. 그 시간은 풍요로운 선물 보따리를 풀어 준다. 먼저 마음에 고요함과 평온함을 선사한다. 그러면 그때 내 영혼은 진정 바라는 것을 속삭인다. 이로 인해 진정한 자신의 생각을 알게 된다. 또, 혼탁해진 정신을 정화해 준다. 결국, 마음에 물청소를 한 것처럼 마음에 깨끗하고 쾌적한 공간을 만들어 준다.

　사람들과 만나 이야기를 하다 보면, 다른 이들의 선입관이나 생각에 무의식적으로 영향을 받게 된다. 많은 경우에 우리는 선별적으로 받아들이지 않고 무심코 그러한 생각들을 흡수하게 된다. 특히, 부정적인 사고를 하는 사람들과 많은 시간을 보내게 되면 어느새 자신도 모르게 그러한 부정적인 영향을 받고 있다는 사실을 뒤늦게 알게 된다. 작년에 스트레스로 인해 아침에 일어나기조차 어려울 때가 있었다. 직장에서 많은 사람과 만나면서 중요한 일들을 처리하느라 무척 바쁠 때였다. 혼자만의 시간은 엄두도 내지 못했다. 그런데 건강에 적신호가 켜지니 내면에서 스스로 치유법을 알려 주었고 그렇게 행동하도록 나를 떠밀었다. 다행히 그 처방은 아주 간단한 것이었다. 아침에 일어나 집 앞의 공원을 30분 정도 2-3바퀴 정도 걷는 것이었다. 천천히 걸으면서 머릿속을 비우고 마음을 고요히 했다. 그 이후 신기하게도 마음에 힘이 생기고 자신감도 생기면서 기분이 좋아지는 것이었다. 여전히 처리해야 할 일들이 산더미처럼 쌓여 있는데도, 문제없이 잘 해낼 수 있을 것 같은 그런 기분이 들었다. 실제로도 오전에는 집중적으로 몰입해서 할 일을 하고, 오후에는 간단한 업무들을 거뜬히 해낼 수 있었다.

혼자만의 시간에 책을 읽으며 마음을 위로하는 것은 마음을 편하게 하는 데 도움이 된다. 사회생활을 하다 보면 많은 사람을 만나고 다양한 경험을 하게 된다. 지금까지의 옳다고 믿어 온 자신의 신념과 가치관이 흔들리며 혼란스러운 경험을 하기도 한다. 그러면 갑자기 사람을 어떻게 상대해야 하는지, 인생을 어떻게 살아야 할지 막막하게 느껴질 때가 있다. 이런 상황에서 책을 읽으면 앞서 나와 비슷한 경험을 했던 지혜로운 사람들로부터 가르침을 얻을 수 있다.

그들은 우리에게 올바른 방향을 알려 준다. 또, 힘겨운 상황 속에서도 편협한 생각에 치우치지 않고 객관적으로 판단하도록 이끌어 준다. 결국, 내가 어떻게 변화해야 할지 알려 주며 그 상황을 지혜롭게 처신할 수 있도록 도와준다. 그렇게 변화를 위한 노력을 계속하다 보면 어느새 자신의 정신적인 그릇이 견고하게 더욱 커져 있다는 것을 발견하게 된다.

혼자 사색하는 습관은 내면의 힘을 가져다준다. 즉, 스스로를 강하게 만든다. 또 삶의 힘든 순간을 맞이할 때, 하루를 시작하기 전 아침에 30분 정도 명상이나 기도하는 습관은 우리에게 평온함을 준다. 영혼이 순수하고 맑은 작가 제임스 알렌의 《아침의 생각 저녁의 깨달음》 같은 좋은 책을 매일 읽고 묵상하면 우리의 영혼도 맑아진다. 그러면 마치 스트레스를 흡수하는 스펀지를 내 마음에 둔 것과 같이 힘든 순간에도 평온한 마음을 유지할 수 있다.

혼자만의 시간을 갖고 자신의 영혼과 소통하며, 자신이 진정 바라는 것을 찾고, 마음에 여유로운 공간을 만들기 바란다.

여유로운 마음

어려서부터 40대 초반까지 인생을 100m 달리기 하듯 조급한 마음으로 열심히 달려왔다. 나뿐만 아니라 많은 사람이 생활전선에서 그렇게 숨 가쁘게 살아가고 있다. 어릴 때부터 학교뿐만 아니라 가정에서도 또 사회에 나와서도 인생은 열심히 바쁘게 사는 것이라는 통념이 만연해 있어 나 또한 무의식에 그 생각이 자리 잡고 있었던 것 같다. 그런데 40대 중반이 지난 지금, 과연 그렇게 조급하게 열심히 사는 것이 맞는지 의심이 든다.

우리는 각자의 인생을 경영해 가고 있다. 나의 책《성공적인 삶을 위한 좋은 습관》에서도 강조했지만, 나는 인생에서 중요한 건강, 일, 돈, 이 세 가지에 대해 균형을 잡고 살아갈 때 성공적인 삶을 살아갈 수 있다고 믿는다. 마음의 여유가 없으면 건강을 챙길 여유도 없다. 어려운 역경에 처했을 때도 몸 건강뿐만 아니라 정신적인 건강이 무너지면 그 상황을 헤쳐 나가기 어렵다. 또 사업이 잘 안되거나 직장을 잃게 될 때도 1년 정도 생활할 수 있을 정도의 비상 자금을 준비해 두면 숨 막히는 상황에서도 조금이나마 숨을 쉴 수 있을 것이다. 남의 도움 없이 자신의 능력으로 돈을 벌 수 있는 능력을 키워 둔다면 최악의 상황에서도 버텨 낼 수 있을 것이다.

 즉, 여유로운 마음을 갖기 위해서는 평소에 건강을 잘 챙기고, 돈을 잘 관리해 두며, 스스로의 능력을 개발해 두는 것이 필요하다.

 40대 중반을 지난 지금은 조급한 마음은 버리고 여유로운 마음으로 살아가려고 노력한다. 재정적으로 예전보다 여유로워져서 그런 것은 아니다. 조급한 마음으로 열심히 달려가다 보면 정작 중요한 것을 볼 수 없기 때문이다. 즉, 장기적인 안목으로 현재의 삶을 설계해서 살아가는 것이 아니라, 단기적인 관점에서 깊은 생각 없이 단편적으로 순간순간을 살아가게 된다.

 많은 인생 경험들을 통해 여유로운 마음이 있으면 어떤 상황에서도 침착하게 대응할 수 있고, 지금 이 순간에 천천히 머

물며 현재의 삶을 온전히 즐길 수 있다는 것을 깨닫게 된다.

하지만 여유로운 마음은 저절로 생기진 않는다. 나의 경우, 다음과 같은 마음의 태도를 갖고 지속적으로 노력했을 때 가능했다. 1) 남과 비교하는 것을 멈추고, 인생을 나만의 속도대로 살아간다. 2) 내 인생에 펼쳐진 모든 일들을 용기 있게 직면하고, 원하는 결과를 위해 혼신의 노력을 기울인다. 3) 원하는 목표를 위해 집중해서 몰입하여 일한다. 4) 성공적인 삶을 디자인하고, 바라는 삶을 위해 결심한 일을 적극적으로 행동해 간다. 5) 평소의 생활에서 불필요한 지출은 줄이고 비상시를 위해 매달 일부를 저축한다. 6) 재정 현황을 매주 정리해서 정확히 파악하고, 분수에 맞는 소비를 하며 살아간다. 7) 자신이 수행한 일들을 정리 후 분석하고 언제나 개선할 점을 찾고 실행한다. 8) 일하는 곳이나 집은 언제나 청소를 깨끗이 하며 정리 정돈을 잘해 둔다. 9) 스트레스 해소를 위해 규칙적인 운동을 하며 건강을 관리한다. 10) 원인을 만들지 않은 일(노력하지 않은 일)에 대해서는 어떤 결과도 바라지 않는다.

그런데 이와 같은 태도를 평소에는 잘 유지하더라도, 어려운 역경에 처하면 누구나 여유로운 마음을 갖기 어려워진다. 불안한 마음에 마음의 속도가 빨라지고, 하루빨리 그 상황을 벗어나고 싶은 충동에 조급한 마음이 생기기 때문이다. 이런 상황에서는 가장 먼저 '건강'을 챙겨야 한다. 곤경에 처하면 스트레스 때문에 수면과 식사를 제대로 하지 못해 건강이 위태로워진다.

오히려 힘든 상황이야말로 여유로운 마음을 갖도록 노력해야 한다.

빨리 그 상황을 벗어나고 싶다는 생각을 떨쳐 버리고, 스스로가 잘 이겨 낼 수 있다는 자신감을 갖고 일을 해결할 수 있는 시간은 충분하다는 생각을 하는 게 좋다. 의식적으로 충분한 수면과 휴식을 취하고 잘 먹는 것도 중요하다. 이럴 때는 많이 걷는 것도 좋은데, 걸으면 부정적인 생각은 사라지고 긍정적인 생각과 자신감이 퍼지게 될 것이다.

마음의 여유는 편안한 삶을 선사할 것이다.

문제해결 능력

인생을 살아가면서 언제나 크고 작은 문제에 부딪힌다. 문제라고 생각했던 것을 그대로 내버려 두게 되면 그 문제는 걷잡을 수 없이 커져서 결국 우리의 삶을 고통 속으로 몰아가기도 한다. 삶 속에서 펼쳐지는 일들에는 다양한 문제들이 끊임없이 생기며 그 문제를 잘 해결해 갈 때 행복한 인생이 펼쳐진다. 그 누구도 예외는 없다.

생명과학 분야에서 연구하는 것은 우리의 인생을 사는 것과 매우 흡사한 점이 있다. 대학원 석사 과정에서는 작은 실험 프로젝트를 수행하면서 생명과학 분야에 필요한 실험 기술들을 훈련받게 된다. 박사 과정에서는 그렇게 석사과정에서 훈련된 기술을 바탕으로 연구 프로젝트를 이끌어 갈 수 있게 된다. 내가 석사과정 대학원에 들어간 지 얼마 되지 않아서 일이다. 계면활성제인 SDS로 단백질을 변성시킨 후 전하를 흘려 줘서 단백질 크기에 따라 분리하는 기술을 전문 용어로 'SDS-폴리아크릴아마이드 전기영동'(이하 '전기영동')이라고 한다. 이 실험을 처음으로 수행하게 되었다. 얇은 유리판에 젤리 같은 얇은 젤을 만들어 단백질을 주입해서 전하를 흘려 주면 단백질이 크기별로 분리가 된다. 이 실험 과정에서 전기영동 기기와 젤 유리판 사이에 완충용액을 가득 채워야 백금선에 전기가 골고루 흘러 단백질이 이동하면서 크기별로 분리된다. 그런데 전기영동 기기를 설치해서 전기를 흘려 주는데 전기영동 기기와 유리판 사이의 가득 채워 둔 완충용액이 계속 밑으로 새어 실험이 제대로 되지 않았다. 그 원인을 알지도 모른 채 실험 왕초보인 내가 할 수 있었던 조치는 새는 만큼 계속 완충용액을 채워 주기를 반복하며 밤까지 지새며 우여곡절 끝에 전기영동 실험은 겨우 끝냈다. 원래는 1시간 30분 정도면 끝나는 실험이다. 다음 날 아침 대학원 선배들이 나와 눈이 벌겋게 밤을 새운 내 모습을 보면서 무슨 일로 밤까지 샜냐고 물어보았다. 내가 전기영동 하느라 밤을 샜다고 하니, 모두 박장대소하며 아주 한심하다는 듯이 비웃었던 부끄러운 추억이 있다. 전기영동 기기에는 고무라인이 끼워져 있어 젤 유리판이 잘 밀착되도록 한다. 즉, 젤 유리판이 전기영동 기기에 잘 밀착돼서 완충용액이 새지 않도록 하는 역할을 하는 것이다. 그런데 내가 사용했던 전기영동 기기는 그 고무라인이 빠져 있어, 젤 유리판이 잘 밀착이 되지 않아 완충용액이 계속 새어 나갔던 것이다. 어리석게 그 원인도 모른 채 새는 결과만 쳐다보면서 완충용액을 부었던 것이다. 전기영동 기기에 고무라인이 빠져 있고 고무라인이 있어야 완충용액이 새지 않는다는 것을 알았다면, 고무라인이 있는 전기영동 기기로 교체해서 밤새도록 단백질 분리실험을 할 일은 없었을 것이다.

인생에서 일어나는 많은 문제들은 그 원인이 있게 마련이다. 인생에서 생기는 문제들은 작은 문제에서 시작한다. 그런데 많은 경우 작은 문제를 간과해서 큰 문제로 발생하는 경우가 많다.

작은 문제들은 적은 노력으로도 해결이 되지만, 큰 문제들은 많은 시간과 크나큰 노력을 기울여야만 해결되는 경우가 많다.

연구할 때, 석사과정에서 실험하며 발생하는 많은 문제들을 해결해 가면서 문제 해결 능력이 키워진다. 그 다음 박사과정에서는 문제들이 발생하지 않도록 그 원인을 제거해 가고 설령 문제가 생기더라도 해결하는 데 많은 시간과 노력이 들지 않는다. 인생에서도 문제들에 대한 많은 경험들을 통해 그 원인을 파악하고 해결해 간다면 시간이 흐를수록 점점 문제들을 해결해 갈 수 있는 혜안을 얻을 수 있다. 단순히 지식만 많이 안다고 인생 문제들을 해결할 수 있는 것은 아니다. 지식뿐만 아니라 문제를 직면해서 해결해 본 많은 경험이 뒷받침되어야 폭넓은 안목으로 탁월한 해결 방법을 찾을 수 있기 때문이다.

인생 문제들을 직면하여 해결 능력을 키울 때, 비로소 우리 인생은 점점 편안해질 것이다.

에필로그

아름다운 인생길에서 불필요한 것들을 비움으로써 정신을 맑게 하고, 소망을 이루고 행복한 인생을 만들기 위한 도구로 이 책을 활용하길 바랍니다. 앞서 많은 이들이 '좋은 생각'을 하며 살아가기 위한 도구로 《행복한 삶을 위한 12가지 좋은 습관》의 캘린더 북을, '좋은 생각'을 '좋은 행동'으로 촉진시키기 위한 도구로 《성공적인 삶을 위한 좋은 습관》을 다이어리 북으로 출판한 적이 있습니다. 《행복한 인생 만들기》 별첨으로 제공되는 '드림 북(dream book)'은 삶에서 겪는 크고 작은 고통스러운 마음과 불필요한 것을 버리고 자신의 소망과 좋아하는 일에 초점을 맞춤으로써 삶을 행복하게 만들어 갈 수 있도록 고심하여 디자인했습니다. 사실 '미니 쓰레기통'과 '소망 상자함'을 책과 함께 판매하고 싶었으나, 출판업계의 사정으로 별첨 '드림 북'으로 대신함을 양해 바랍니다. 필요하다면 직접 구입해서 실천해 보길 바랍니다.

　저는 이 책을 집필하기 전 꽤 오랜 시간 동안 고통스러운 마음을 마음의 중심에 두고 살아왔습니다. 감사하게도 《행복한 인생 만들기》의 책을 집필해 가면서, 진정으로 바라는 소망을 마음의 중심에 둘 수 있었고, 행복한 인생을 만들어 갈 수 있는 지혜도 얻을 수 있었습니다. 이 책을 통해 많은 독자분들이 가슴 뛰는 경험을 할 수 있기를 간절히 기원합니다.

　삶은 복잡하거나 어렵지도 않습니다. 우리의 잘못된 생각과 신념이 단순한 삶을 그렇게 만들고 있습니다. 타인의 삶과 비교하는 것을 멈추고, 자신에게 필요 없는 것들을 버리면 삶은 단순해집니다. 그 비워진 공간에 자신이 진정으로 바라는 일과 좋아하는 것으로 채워 가면 됩니다. 그러한 모든 판단과 결정의 기준에 스스로가 주인이 되어 '진실하고 단순한 삶'을 통해 행복한 삶을 살아갈 수 있기를 바랍니다.

　'보이지 않는 마음'은 우리의 인생을 만들고 있습니다. 어떤 상황 속에서도 좋은 생각과 좋은 행동을 하면 좋은 인생을 만들어 갈 수 있습니다. 자신을 믿으세요. '긍정적인 생각'이 삶의 비밀입니다. 많은 사람들이 힘겨운 삶의 무게로 고통스러워합니다. 스스로의 힘으로 삶을 변화시킬 수 있다는 자신감을 갖고 용기 있게 행동하길 바랍니다. 현재의 굳어진 의식이 새로워지기 위해서는 많은 잘못된 신념을 버려야 합니다. 이 과정은 1년 이상의 충분한 시간이 필요할 수도 있습니다. 조급한 마음을 버리고, '드림 북'을 자주 사용하면서 행복한 인생을 만들어 가길 바랍니다.

마지막으로 오랜 시간 동안 지쳐 있고 상처받은 나의 영혼에게 이 책을 바칩니다. 또, 직장 일이 바쁘다는 핑계로 일에만 열중했던 저를 한결같은 사랑으로 인내해 준 우리 가족들에게 진심으로 감사한 마음 전합니다. 제1막 인생길에서 힘든 순간에 언제나 함께해 준 하준, 하진 엄마가 이 책을 통해 더욱 건강해지고 행복해지기를 바랍니다.

많은 분들이 '진실하게 살아가는 단순한 삶'을 통해 모두가 행복한 인생을 만들어 가길 기원합니다.

Memo

Memo

Memo